Retrouvez toute notre collection sur :

www.quellehistoire.com

Disponible

Disponible

Disponible

Disponible

Disponible

Disponible

Disponible

Disponible

Disponible

Disponible

Disponible

Disponible

Disponible

Disponible

Disponible

Disponible

Disponible

Disponible

Disponible

Disponible

Disponible

Disponible

Disponible

Disponible

Disponible

Disponible

Disponible

Disponible

Disponible

Disponible

Disponible

Disponible

À découvrir également

dans la collection Histoire junior

Disponible

Disponible

Disponible

Disponible

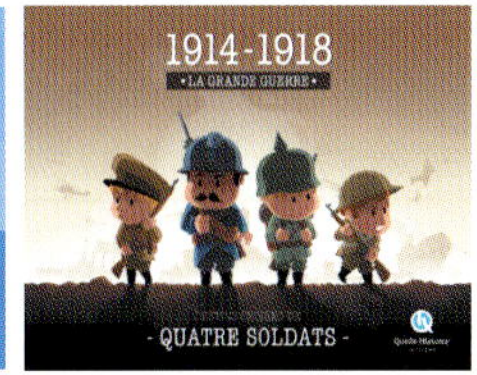

Coffret 4 livres
Disponible

La collection Mythologie

pour tout connaître des grands héros de l'Antiquité

Disponible

Disponible

Disponible

Disponible

Quelle Histoire

Édition et conception : Quelle Histoire SAS. 22, Villa de Lourcine 75014 Paris
Illustrations : Bruno Wennagel, Mathieu Ferret, Manon Jouet, Anatole Develay, Vittoria Macioci, Sophie D'Hénin, Mélanie Ayusawa
Textes : Patricia Crété

Siège social : 22, Villa de Lourcine 75014 Paris

www.quellehistoire.com
contact@quellehistoire.fr

Fabriqué par Labelfab / Imprimé en France par Stin Imprimerie - Toulouse

Dépôt légal octobre 2015

Loi n°49-956 du 16 juillet 1949 sur les publications destinées à la jeunesse

PEFC™ 10-31-2841

FABRIQUÉ EN FRANCE

Anne de Bretagne

L'enfance

Anne naît dans le château familial des ducs de Bretagne à Nantes, une imposante forteresse. Elle y reçoit, avec sa sœur cadette Isabeau, une bonne éducation, apprend à lire et à écrire le français. Mais pas le breton. On lui donne aussi des notions de danse, de musique et de chant. Et elle adore la chasse au faucon, loisir traditionnel des nobles. Chaque oiseau est dressé pour attraper le héron, la perdrix ou le lapin.

1477 - 1485

La guerre folle

Un beau jour, le duché est attaqué par les troupes du roi de France Charles VIII, qui voudrait bien s'en emparer. Nantes est assiégé et la petite Anne a peur. Son père, François II, organise la défense de la ville qui résiste. Cette « guerre folle », comme on l'appelle, se termine en 1488 par le traité du Verger qui prépare l'union de la Bretagne à la France. Les filles du duc ne pourront se marier qu'avec l'accord du roi.

1485 - 1488

Deux mariages en un an

Le 19 décembre 1490, Anne épouse Maximilien d'Autriche, par procuration, cela signifie qu'il n'est pas présent à la cérémonie. Mais le roi de France n'ayant pas donné son accord, l'union est annulée. Le 6 décembre 1491, nouveau mariage, au château de Langeais, avec le roi Charles VIII cette fois. Pas d'autorisation à demander, puisque c'est lui l'époux ! Dans une des salles, tu peux voir aujourd'hui la reconstitution de l'événement, comme si tu étais invité !

1490 - 1491

Reine de France

Le 8 février 1492, dans la basilique Saint-Denis, la jeune femme est couronnée et sacrée reine de France. Elle ne pourra plus porter son titre de duchesse de Bretagne, mais dans son cœur elle l'est toujours. Elle déménage tout le temps, en fonction des déplacements de son mari : Loches, Plessis, Lyon, Grenoble, Moulins, Amboise. Elle met au monde plusieurs enfants, mais tous meurent en bas âge. La vie de la reine n'est vraiment pas très gaie.

1492 - 1498

Renaissance du duché

Veuve en 1498, sans héritier, Anne va se remarier avec le nouveau roi de France Louis XII, qui a toujours été son ami. Elle est bien contente ! En attendant, elle reprend son titre de duchesse de Bretagne, son blason et sa devise : « Plutôt mourir que déshonorer », et retourne à Nantes. Elle y retrouve ses proches, réorganise son duché sur le plan politique et fait venir auprès d'elle, poètes et musiciens bretons.

1498

Louis XII et les guerres d'Italie

Le mariage avec Louis XII se déroule le 8 janvier 1499 à Nantes. Mais le roi doit bien vite partir car la France est en pleine guerre d'Italie. Avec ses troupes, il s'empare de Milan, puis marche sur Gênes et Naples. Le conflit se généralise avec l'entrée en guerre des Suisses, des Anglais, des Espagnols. Victoires, défaites, trêves se succèdent jusqu'au traité de Dijon en 1513 que refuse de signer Louis XII, qui a perdu toutes ses conquêtes.

1499

Au château de Blois

Pendant ce temps-là, Anne donne naissance le 13 octobre 1499 à Claude, qui deviendra reine de France, en épousant François Ier. La jeune mère séjourne le plus souvent au château royal de Blois, dont la décoration et les jardins montrent l'influence grandissante de la Renaissance italienne. Au moins 300 personnes sont à son service, dont des artistes, comme l'enlumineur Jean Bourdichon, un virtuose. Sa collection d'objets d'art est alors la plus riche du royaume.

1499 - 1505

« Le tour de la Bretagne »

Anne part en pèlerinage, dans son duché. De Nantes, elle gagne Guérande, Vannes puis Locronan où elle prie saint Ronan de lui donner un fils, un héritier pour le trône de France. Chaque fois, les Bretons l'accueillent avec enthousiasme. Puis, elle s'arrête à Quimper et à Tréguier pour saluer saint Yves, patron de la Bretagne, enfin elle fait étape au château de la Hunaudaye où on lui offre un grand banquet... Mais Louis XII trouve le temps long et elle doit rentrer bien vite.

1505

Travaux au château de Nantes

Ce pèlerinage de 1505 lui permet aussi de suivre les travaux qu'elle a entrepris depuis déjà six ans au château de Nantes. Elle ajoute trois tours aux quatre existantes et agrandit le chemin de ronde. Puis elle fait rehausser le Grand Logis et la tour de la Couronne d'Or, y crée des balcons et des loggias, directement empruntés à l'architecture italienne, pour en faire une résidence plus accueillante. Aujourd'hui tu peux encore le visiter !

1499 - 1514

La mort

Il fait froid en cet hiver 1514 au château de Blois. La reine Anne vient de mourir. Son cœur est embaumé, placé dans un reliquaire d'or, et transporté dans l'église des Carmes, à Nantes. Les funérailles se déroulent dans la cathédrale Notre-Dame de Paris, illuminée de milliers de cierges. Anne est ensuite inhumée à Saint-Denis. « La reine est morte ! » crient les Bretons présents. Louis XII meurt l'année suivante. Et tous deux reposent depuis, dans un beau mausolée.

1514

1475

1477
Naissance d'Anne à Nantes.

1485
Début de la « guerre folle » entre la Bretagne et la France.

1488
Défaite des Bretons à Saint-Aubin-du-Cormier.

1488
Traité du Verger, mettant fin à la « guerre folle ».

1488
Décès du père d'Anne.

1489
Anne devient duchesse de Bretagne.

1490
1er mariage, avec Maximilien d'Autriche.

1491
2e mariag
avec
Charles V

1492
Couronnement de la reine à Saint-Denis.

1494-1516
Guerres d'Italie.

1498-1499
Séjour d'Anne à Nantes.

1499
3e mariage, avec Louis XII.

1499
Naissance de Claude de France.

1503-1508
Réalisation des *Grandes Heures d'Anne de Bretagne* par l'enlumineur Jean Bourdichon.

1505
« Tour de Bretagne » d'Anne.

1514
Décès d'Anne à Blois.

1520

Le royaume de France
6
1
2
3
4
5

Légende de LA CARTE

1 Nantes (Loire-Atlantique)

Grand port de l'Atlantique, ancienne capitale des ducs de Bretagne, la ville a reçu en 2013 le prix de la Capitale verte de l'Europe. De son passé, elle garde la porte Saint-Pierre, quelques maisons à colombages et, bien sûr, le célèbre château où naquit Anne.

2 Langeais (Indre-et-Loire)

Située sur la rive nord de la Loire, la cité est connue pour son magnifique château dont les vestiges datent des XIe et XIIe siècles. Reconstruit par Louis XI, il accueillit le mariage de la duchesse Anne et du roi Charles VIII en 1491.

3 Paris (Île-de-France)

La basilique Saint-Denis est toujours présente aux grandes occasions de la vie des souverains français. Anne y est sacrée et couronnée reine de France en 1492. Ses funérailles y seront célébrées en 1514.

4 Amboise (Indre-et-Loire)

Ville modèle de la première Renaissance italienne, son château, classé patrimoine mondial de l'humanité par l'Unesco, est un lieu de séjour fréquent d'Anne de Bretagne et de son époux Charles VIII. Léonard de Vinci habitera à côté, au Clos Lucé.

5 Blois (Loir-et-Cher)

La cathédrale Saint-Louis, l'église Saint-Nicolas, l'église Saint-Saturnin et son cimetière à galerie, le château et le quartier historique rappellent que la ville fut pendant plus d'un siècle, à partir de Louis XII, la résidence royale des souverains.

6 Locronan (Finistère)

Une place centrale pavée, des maisons Renaissance, l'église Saint-Ronan, la petite cité est l'une des étapes du « tour de Bretagne », un pèlerinage appelé le Tro-Breiz. En 1505, Anne s'y arrête et élève le petit bourg au rang de ville.

Jean Bourdichon

(vers 1456-1520)

Peintre et enlumineur des rois Louis XI, Charles VIII, Louis XII et François Ier, ce grand artiste illustre *Les Grandes Heures d'Anne de Bretagne*, son livre de prières.

Charles VIII

(1470-1498)

Roi de France en 1494, il a épousé Anne, duchesse de Bretagne, trois ans auparavant. Il participe à la première guerre d'Italie. Il meurt à Amboise en se heurtant le front contre une porte.

Louis XII

(1462-1515)

Surnommé « le père du peuple »,
il succède à Charles VIII
en 1498, et épouse sa veuve,
Anne de Bretagne en 1499.
Il reste dans l'histoire comme
un souverain modéré.

Claude de France

(1499-1524)

Fille d'Anne et de Louis XII,
elle naît le 13 octobre 1499,
devient reine de France en 1515
en se mariant avec François Ier.
La prune reine-claude
lui doit son nom.

Le Jeu du

CHERCHE & TROUVE

Cherche et trouve les éléments suivants dans le décor de droite :

Anne de Bretagne

Louis XII

L'aileron

l'archer

La femme de ménage

Le drapeau blanc

Le soldat

Le fugueur

Le coffre

L'endormi

Le tableau

Le jardinier

Le poisson

Le chien

Celui qui se noie

Le tonneau

Le cheval blanc

L'œuf

Le sculpteur

Celui qui se cache

Le Jeu des

7 ERREURS

Trouve les 7 différences entre l'image de gauche et l'image de droite.

Solution : le drapeau, la barbe, le casque, le cheval, la flèche, l'ombre de la lance, la hache.

Le Jeu du LABYRINTHE

Aide Anne de Bretagne à trouver le chemin de son château.

Solution : le bon chemin est le numéro 5.

Le Jeu des
OMBRES

Retrouve la bonne ombre de Jean Bourdichon.

Bonne réponse : l'ombre b.

Le Jeu du QUIZ

1. Comment se nomme la sœur cadette d'Anne de Bretagne ?

a. Isabeau

b. Frédégonde

c. Claude

d. Marguerite

2. En quelle année la « guerre folle » a-t-elle pris fin ?

a. 1477

b. 1485

c. 1488

d. 1490

3. Quelle était la profession de Jean Bourdichon ?

a. Architecte

b. Médecin

c. Écrivain

d. Peintre

Bonnes réponses : 1.a / 2.c / 3.d

Les applications Quelle Histoire

une collection complète pour voyager dans l'Histoire

Vercingétorix — Cléopâtre — Charlemagne — Jeanne d'Arc — François Ier — Louis XIV

Mozart — Napoléon — Lincoln — De Gaulle — Mandela — Jean-Paul II

À découvrir également :

Histoire de France — Le Débarquement — Quiz CM1 — Quiz CM2 — Ulysse

Pour plus d'informations rendez-vous sur : apps.quellehistoire.com

Télécharger dans l'App Store — DISPONIBLE SUR Google Play — Disponible sur amazon

Recherchez « Quelle Histoire » dans l'App Store ou l'App Shop